AF192766

AZAR ILESO

Siltolá Poesía | 103

Pedro Luis Casanova

AZAR ILESO

[Carta de Antonio Gamoneda]

Ediciones de la Isla de Siltolá
Sevilla 2024

© **Pedro Luis Casanova**

© de la *Carta*: Antonio Gamoneda
© de la fotografía del autor: Carmen Morago Lázaro

© 2024: **Ediciones de La Isla de Siltolá**
Apartado de Correos 22.015
41018 – Sevilla (España)
www.laisladesiltola.es • *editorial@laisladesiltola.es*

Diseño de colección: La Isla de Siltolá
Impresión: Kadmos

ISBN: 978-84-19298-38-6 • DL: SE 1579-2024
BIC: DCF • THEMA: DCF

(Impreso en España)

Cualquier forma de reproducción, distribución, comunicación pública o transformación de esta obra solo puede ser realizada con la autorización de sus titulares, salvo excepción prevista por la ley. Diríjase a CEDRO (Centro Español de Derechos Reprográficos) si necesita fotocopiar o escanear algún fragmento de esta obra (www.conlicencia.com; 91 702 19 70 / 93 272 04 47).

CARTA QUE BUSCÓ TARDÍAMENTE
UN LUGAR EN ESTE LIBRO

Querido Casanova, más de lo razonable he demorado decirte el sobresalto que me procuró el original de *Azar ileso*. Discúlpame, no era fácil. Has hecho astillas una *razón lingüística, vivencial y poética* con la que yo me concertaba pacíficamente. Te responsabilizo. Lee los dos recortes de tu libro que siguen (podrían ser otros muchos, pero he elegido estos). 1. *Qué dorado oleaje entra en los cepos del espíritu. 2. La casa cruje y yo estoy solo*. Ya están los dos recortes. Los tomo en su belleza y su dureza, respectivamente. Si algo ajeno a mi interpretación decías o ibas a decir en ellos, no me preocupa: yo sé lo que irremediablemente dicen, lo quieras tú o no.

En el recorte 1, hago válidas la significación y la propia sustancia sensible del imaginario. Se trata de *una bella energía que excita los espíritus*. Pero hay más: la complejidad semántica ("dorado oleaje", "cepos del espíritu") nos pone ante un lenguaje que lleva consigo el valor (bien lo sabía don Luis de Góngora) latente en el *corpus general* de la poesía andaluza, culta y popular, pero, también y sobre todo, nos pone ante *el cuerpo poético de la alegría existencial,* constituyéndose por ello en signo mayor de una constante afirmación de la vida, y me da igual que sea en el interior o en el inmenso exterior de la poesía andaluza. En el recorte 2 no hay imaginario. Son un par de denotativos desnudos y directos, una circunstancia y una percepción: *la casa cruje* (lo hacen las casas, abandonadas) y yo estoy *solo* en ella.

Mi lectura ha seleccionado los dos recortes y yo los he confrontado. Hay lucha y un vencedor evidente en el segundo recorte. ¿Tiene esto significado? Necesariamente, sí. Tú, Casanova, no te has planteado una deconstrucción para que el significado se deduzca de ella. Yo tampoco. Estamos ante algo más cierto y grave: en ti se han dado *pulsiones ¿existenciales / históricas / biográficas / sociales / culturales?,* y deliberadamente o no, las has hecho tuyas y manifestado. Qué pasa, entonces, ¿se cae el mundo? Sí. Y no desprecien los indicadores estéticos. Efectivamente, las causas generadoras del imaginario feliz, sea andaluz o universal, están siendo depredadas / anuladas (es decir, eliminadas / sustituidas) mundialmente por la técnica y puntualmente por las "sesiones" genocidas (Vietnam, Gaza…). El estúpido "apocalipsis" no comienza ahora. Hace unos cien años, lo avisaba un andaluz que escribió *Poeta en Nueva York;* también por entonces, algunos pensadores afirmaron que "los hombres mueren y no son felices", "normalidad" que, con mayores índices y a despecho de esperpentos democráticos, sigue cumpliéndose.

Querido Casanova, me equivoqué al iniciar este escrito (insuficiente además como prólogo y excesivo como carta); tengo que rectificar. El gran equivoco estaba tan fuera de ti, tan ajeno a tu sensibilidad ecuánime y tu talento, que hasta un movimiento involuntario le retiraría tu sombra y le condenaría a la luz. Eso has hecho sin mancharte. Que se manchen "ellos". Gracias y un abrazo.

ANTONIO GAMONEDA

Soy en ti la secreta novedad.
PAUL VALÉRY

Qué edad perdió su luz y enterró sin reproche
otro sueño en los campos. Fruto lunar que avisa
a un sol descalzo el fuego. Lenguas de cal sumisa
que llamabais verano al ámbar del derroche:
tomadme en el licor donde se cierra el broche
sutil de otra amargura. No disfracéis la prisa
por derribar su alivio si el corazón os pisa
la trampa en flor que fue darle miel a la noche.

Juventud mensajera, que has de traer justicia
de vértigos nevados al escalón de fiebre
donde el ojo resiste su sed en lo perdido:
¿Qué memoria es estéril? ¿Qué veneno, delicia
volátil de su música? Deja que tu aire enhebre
en mí el destierro. Déjame
                              morir en su sonido.

PERDONABLE ACCIDENTE

Todo era claro y mañanero.
Es decir, todo era mentira, puro engaño.
CARLOS SAHAGÚN

DESCALZO.
Con esta escoba yo os bautizo aquella fe sin nombre.
Sacad mi pan, que os lo ofrezca en la lluvia.
Manchad con el carbón de su horno el vientre
de la fiesta.

¿Cómo jamás podrá mentirte
un pie arrancado por lo oscuro, sin su tacto ciego?
                                        Mirad
cómo las aguas corren de sus nubes al sueño
y sueltan, bajan a este banco su ansiedad de mármol y os olvidan.

Tan sola hierve la carne,
                tan húmedo su sexo,
                            tan vivo duerme su esplendor ahora
que nada sino amor os prende: su ausencia de los altos cirios.

Sabed
cómo tala su brote la niñez cuando alzo la visión sobre las cúpulas
y el aire vuelve de las bóvedas con el súbito juego de enterrar
en mí su vieja espiga, ya sin grano.
Oh, porvenir de latifundio, ¿quiénes ostentarán
las profesiones metalúrgicas, los oficios acuáticos, el sucio
                        [adiestramiento de la cópula?

Oh, tradición, oh, felicidad de huerta y crucifijo,
de pizarra y mantel:
madrastra en el hospicio de la usura, lo que no estaba escrito
en la sábana inmensa
de un pájaro que llora al despertar
                                    se ha cumplido.
De esta casa no esperéis otra muerte.
Ponéis la hogaza estéril en los labios,
pero quién nos dará a comulgar
la fragancia colérica de los impedimentos.
Quién volcará las aguas corrompidas en medio de las privaciones.
Nunca por la condena del fruto dormiréis más tiempo recordando:
es la hora,
es la hora,
oh festival en ruinas
donde los herederos regresarán besados
por doncellas preñadas de sombra sus renuncias.

Nada hay peor que la claridad
cuando el silencio de la luz es todavía esperanza,
como este verde al que hoy llega su orden de desahucio,
y aún caminará
con firme voluntad de olivo entre sus cuerdas
hasta ver cómo ríen sus montes, cómo

a fuego nacerá su vil resignación.

                          «Yo te bautizo».
Si alguna vez oís bajo estas naves la impúdica liturgia
donde la infancia apura su pronóstico en el hedor de las
                                              [cosechas,
si alguna vez lo oís, desenterrad las huellas del bisonte y
la saliva de quienes sí llegaron
con su lengua de piedra y los muslos sedientos
a ese cerrado muladar que será mañana la alegría.

                          (*Capilla del Sagrario*, 2005)

Jo em despullo
i vosaltres us vestiu
JOAN BROSSA

NO ENTIENDO el rastro de esta luz.
Llueve el cadáver de una guerra amarilla.

Más allá de las zarzas, el pecado, las niñas
se quedaban sin blusa delante de tu espejo.
Te miraban en lo hondo del papel. Horas y horas bajo el grifo.
¿No confiesas?
Te tomaban la mano y era su tacto lámpara
de tiempo sobre los erizos,
carne y pincel sobre tus íntimos demonios:
la lengua sucia de saltar al barro.
Era la misma mano que limpiaba
el excremento de la tarde
o la luz, ah la luz,
que te hacían oler como ramos traídos de la ermita.

La misma que volvías de la línea del ombligo a la triste mortadela
de todas las mañanas.

Oh aurora rizada de las ingles
donde dejan su vómito los niños que tocan
el pezón de la muerte una tarde sin Dios,
lamiendo barro y miel
en la oscura sandalia de una virgen dormida.

(*La belleza*, 2008)

Oír un timbre
en el renglón tachado.
Niños de sombra que se ordenan
con calma de ciprés ante las puertas.
Guardan su turno para entrar
al fuego de la Historia.
Vuelve en mis manos a nacer octubre: su navaja de lluvia
                                    [desbrozando
cuerpos en Babia,
                    lienzos
                            que la muerte
recoge entre tu sien
como el naipe marcado del prestidigitador.
Mas, tú entre todos, la resaca de ilustres apellidos
cuyas orlas arrasa, con su oleaje blanco, la justicia del tiempo.

Tiemblan aquellos libros, la carcajada negra del maestro,
el golpe de la tiza en el amargo
caramelo esmeralda
que espantaba palomas del pinar con los rezos.
«A la pizarra, principiante»,
revélanos qué pobre universo
has engendrado en el pupitre.
A qué reloj, a qué función oscura
das vida en esas fiebres de insolente ojeador.

Tantas veces el sueño en su confusa majestad
arrastra nuestros pies con hambre y culpa,
y nos tiene elevando la noche ante los himnos,
acaso procurándose a escondidas
un cuerpo y una voz y aquella mano
abierta en otra soledad
aún más viva.
Crujen en ti la sencillez y el frío.
Tú que ahora abandonas mi piel desde la juventud
y al irte olvidas, como rosas volátiles, aquel tesoro
helado de la siembra en las fotografías,
partícipe y creyente cobrador de formas condenadas al redil:
                                                    libérame.

«No supiste vivir»: dirán aquellos niños de papá,
rodeados por casas y familias y espumas fecundadas
bajo el escarnio dulce que asoma tras los ojos
vaciados por la abdicación.

Qué amanecer, eterno principiante,
vuelve a ti resignado
y escribe su color en estos horizontes que quería para ti y no
                                              [serán sino la mancha
genética que crece tras las ingles
y empeña su avaricia en las ventanas,

que aún resisten al oído y de espaldas a la incólume
vitrina de tus perversiones.

Todo resiste en orden, sí:
la carne sudorosa tras la pétrea ecuación,
las fiestas y sus blancos
ceremoniales con medallas y besos
y zapatos subiendo por la escalinata
hacia el alto metal,
al dilecto diploma,
hacia el gélido guante
de este verdugo con nostalgia que es hoy mi compasión
                                        —la tuya, sí: *felicidades*.
Y los aplausos, principiante,
los aplausos, la hermosa Mariluz
vestida de mujer para las misas,
oh pechos visitados por la ronda inútil
y el alba sigilosa del primer amor.
La mirada alfabética de todos contra todos.
Y los labios sin rumbo. Las palabras sin rumbo
en la interrogación del fuego y la sístole
multiplicada en la desobediencia
por murallas ilícitas,
más sueño que verdad a lomos de un corcel abatido
de tanto preguntarme.

¿Qué auroras encendidas por la nieve
pasan aún de mano en mano el cáliz
donde beben en sombras el ángel y la bestia bajo un
[mismo propósito?
¿Qué calles, qué dolor
elegirá esta luz para el regreso?
Niños
cuya secreta ruina —puedes verla—
estiraba las rayas en el pelo y cantaba
con pureza de cal
a la Madre de todas las mañanas
alumbrando el saber y los pasos de niebla
hacia la enorme fiebre
de una tapia sin sol.
Pisamos
cada uno a su muerto boca arriba
en este patio donde Pablo
Gutiérrez todavía repasa a Espronceda,
oh patria iluminada en sus principios —destrúyeme, sí—
como buen colegial
la camisa por dentro.
Y Pedro Gea y Fidel
Garrido y los *Antonios*.
Pepe Muñoz, Cristóbal Cueva
y Lucas y la esbelta Marisol,
rubia de nieve hacia el olvido.

                    Tan huérfana deshiela la visión
su huerto umbilical, la ceguera del tiempo cuya sangre
busca otros pies hacia la noche
incendiada en tus párpados. No tú, sino tus ojos
te vigilan y siguen al fin desde la muerte.

Ven y arrodíllate, ahora
que me cobro tu deuda y los días,
como sangrándote en silencio
de alguna enfermedad prohibida,
abren al corazón su cárcel de mendigos.

                                        (*El recreo*, 2004)

MUERDE con rabia a nuestra edad el ruido de la fiesta.

Panderos y zambombas, estábamos los nietos
—¿estábamos los nietos? Lola era la mayor.

Tres, dos, uno,… y entonces ¡la alegría!
la cuchara en los dientes del anís,
las carracas de palo sobre los manjares
y el recadero de nuestros difuntos
que juega con sus duendes a poner preguntas en los bailes.
Si cantarais más alto, si en lugar de principios pusierais salud
                              [en los cristales, los veríais
salir del largo invierno de la casa,
agitando chatarra en los abrigos,
diciendo nombres a ese gas que, de la estufa a las mejillas,
aligera el abrazo espumoso de los brindis,
¿no los veis?
yo los veo:
tallando su inocencia sin la rifa de los barbitúricos.

Es medianoche en el convento de las Madres Descalzas:
busca en la blanca sencillez la memoria sus nidos.
Cómo brillan sin rostro las siervas de la noche: cantan y su
                                          [justicia
se acomoda al delirio

del que aún no sabe, pero siente. Luz de doncella es el barroco:
qué dorado oleaje entra en los cepos del espíritu
cuando la sangre aún nos obedece y la niñez y sus panales
abren al oeste del relámpago
su miel furtiva hasta cegarnos como ángeles incrédulos
pintados sobre el miedo.

Oh, niños que dormís en hombros de un solo pasajero
mientras los mares
                         inclinados
imploran tras los mapas
del merecimiento:
velad también la puerta donde abrevan
palabras aún más huérfanas
que no se humillan ante mármoles tentados por la deserción.

Reino de tanto mundo: deja que entren
los basureros con cítricas escorias al dolor
oblicuo de las lámparas.
Si dieses orden a las fustas
de mi corazón,
si aquellas manos del crucificado
que entrona la corriente en el retablo descendiesen más limpias
al rosal de la muerte,
¿quién sostendría la vergüenza de llamar estrella

a este dolor agrario hecho al duelo
y a su espera?
Pastores de Belén, venid: poned flores promiscuas en mi lengua,
oh resplandor cuya embriaguez nos cumple
boca por boca confesando el frío
enorme de esta tierra.

Pasan los forasteros con ruido de cerrojos
mientras come en silencio la ciudad sus sobras.

En el prostíbulo ha de subir la sal por las monedas,
mas, qué ternura morderá los muslos si al vencer el préstamo
[de todas las heridas,
ante una luz rosácea, veis un rostro
idéntico a mi soledad.

Abres a la intemperie, como la carta negra del crupier,
un recuerdo vacío.
Qué tarde asomas, realidad, en los espejos de la noche verdadera.

(*Misa del Gallo*, 2005)

Si la vida luciese calle abajo
como una milenaria antorcha en el dintel de la pobreza
y el suelo envenenado, su mordisco,
se volviese manzana ante las rojas
ballestas del amanecer,
¿a quién someterían los ojos de los que regresan?

Ladran los crucifijos al que no se despierta
y llora bajo el agua
imaginando un río.
Entran las llaves al motor de las monotonías,
y el aire y la ciudad
y los hornos refulgen para hervir
aquella voluntad que apura su colilla
entre los malvas.
Igual que una canción proscrita, la noche arpegia, con
                                        [dedos temblorosos,
el poema que no será jamás:
el pensamiento al pan y los obreros a las retaguardias.

Ese que con mis pies
vuelve por calles traicionadas
bajo el sucio alimento de la fiesta,
nunca dirá que sí. Nunca dirá que no.
Pero su soledad confunde mis cabellos, emborrona la amarga

quemadura del sueño, acomoda el termómetro
en la nieve enferma de los nombres liberados por la negación.
La cal irrumpe en los metales y en las ruinas.
Sube a las vértebras felices el óxido de las repeticiones.
Igual que la niñez pone un veneno blanco
en el arroz de la melancolía,
descienden a mi fe los líquidos hermosos,
su más sedienta luz a la ciudad.

En la frente del joven que baja por las cuestas
la saliva es ceniza y el amor
ata su lengua muda sobre los residuos
y huye al oírnos con su mal pijama,
sin memoria.

Yo cabalgué en este silencio cada noche.
Cada noche crucé los sueños tapiados por el ángelus de los
                                                    [tranvías.
Atravesé las zarzas en busca de los frutos, mas nunca el frío
premió mis manos con el dulce racimo de uno solo de nuestros
                                                    [errores.

Yo soy el alacrán que se despierta en las rutas del ciego.
                          Abre.
                              Ábreme la ventana.

Soy el azul y el pájaro de los teléfonos.
El que está en paro y todavía
                              ambiciona un subsidio en la violenta
caridad de sus cómitres.
Soy el que bebe y calla. El que un día habló y ya no bebe.
El abandonado por la incertidumbre
y el que deja de ser
                              constantemente
                                                  soy.

Luego,
cuando abro los cartones y las palabras dan para un rondel
                              [y un dedo de buen vino,
las llamo de inmediato: casa, ración, futuro,
y lo escribo delante de mi puerta:
casa, ración, futuro,
                              y llueve entonces, llueve
sobre unos pies desconocidos
y salgo al petricor con la pana de invierno,
otra vez embargado por palabras
que ahora no me atrevo a pronunciar.

No me pidan más señas:
el pensamiento al pan y los obreros a las retaguardias.

Alguien delatará algún día al culpable de que vivir sea
[hoy por hoy
robarle nuestros ojos al destierro. Y arrancará su máscara
[de números mojados.

Y seremos felices. Muy pero que muy felices.

(*Canción de Carnaval*, 2007)

Hoy ladra
su agonía de olvido el corazón.

Con la rabia del huérfano ante los reclinatorios
vengo a ti:
buscando en la basura tu andar descalzo, noche fetal
de ocultas nalgas, la lombriz de un cuerpo solo.
Veo la carcoma,
tu noche regresándome a retratos de familia.
Percibo la agresión de sus ojos
amándome de un modo que ahora no recuerdo
sin
el hule de las *fantas* los juegos las cortezas
negándome la mugre de los gatos que venían del mundo
y arañaban las ingles
con su dedo anfitrión.
Vienen a mí
los primos disfrazados con la edad
de entonces, y mis malas
compañías con cara de petróleo,
saltábamos los niños al Borosa
con sandalias de fe, puedo jurarlo. Bienvenidos.
Están
sin afeitar a un lado tan viejos los poetas,
me traen a Pound y a Rosales.

No vais a emocionarme. Llegan
los rojos, los enanos, los fascistas
que apaleaban a los negros al salir de misa,
por mi culpa por mi culpa por mi gran culpa,
                                        Señor:
nunca saber si antes que el pecho la razón,
oh, eternidad que te desangras por lo débil:
sálvate tú para salvarme en la vileza de mi propio pensamiento.

Comienzas a sentir la euforia alrededor,
ya no trabaja su cincel.
La fiesta, oh, sí, la fiesta
las camas, los borrachos, los imbéciles de toda la vida
que saltan a bailar con mis prendas antiguas
para que vuelva a sonreírles la bella profesora,
les abren mis cuadernos: ¡Cómo echan a volar sus ánimas y
                                                    [os huyen!

Salen al fin de los espejos los muertos a coger su tarta, venid,
                        [hay tanto por hablar fuera del sueño.
Qué ácida quietud mancha esta sombra que hoy os confunde
                                        [tras el blanco roble.
Una banda de música ha venido a tocarme
la *Marcha del Abuelo*:
es todo tan injusto, amor, ¿No bailas?

Solo sé que una lagartija acaba de cruzar mi párpado
con suma discreción.

               Y apenas
ha conseguido conmoverme.

(19 de julio, 2003)

TALLAR LA NIEBLA

*Convive el arte así con el azar, enriqueciéndose
con su lenta armonía de sueños imposibles*
DIEGO JESÚS JIMÉNEZ

DE cabalgar con ojos de cereza
vengo a tus pies, oh madre en la ventana
que cierras con tu abrazo, y la mañana
despide a mi corcel con la proeza
de entregarme a otro día: a la belleza
de tu estación más pura, la persiana
que en tu beso ya es mundo hecho a la humana
valentía de un sueño sin certeza.

Y pierdo hasta la noche su galope…
con él tomo la luz que en tu sonrisa
alcanza la escalera de mi aliento,
pues nacen las palabras con la brisa
de todas las alturas donde arrope
tu voz en cada edad mi sol sediento.

(*Estudio de mujer con hijo*, 2019)

Qué verdad, océano, deslizas contra el juego
suicida del atardecer.

Dejad que hablen los autoestopistas,
poned sus dedos en los mapas,
que os digan el camino. Aquí la piel no tiene herencia,
                                    [tal cual lo imaginábamos. Venid.

Oh, bestia mineral que lames en mi mano la justicia de
                                                    [tu corazón,
qué lengua alzan los dátiles al frío
mayor de tu esperanza:
qué hija denuncia nuestra edad, y no pide comer
en el residuo blanco de tus labios.

Novias dolientes, que dejáis caer el velo ante la ermita:
pensad en mí los ángeles furtivos
murmurados por vuestras letanías,
mirad en mí las vértebras fundidas
bajo el edén amargo de los apeaderos,
bebed en mí la espuma
que arrastran las cuchillas de apurar
carbón sobre la piel del hambre
y hoy solo mansamente puede
envenenar algunas concesiones al olvido.

Qué música destrenza los cabellos de la cobardía
y amontona su sal sobre la juventud,
hablando sin hablar,
                              cayendo sin caer.

Oigo gemir tu edad contra la rosa firme de los fósiles,
su canto hiela todavía los dedos del verano
e inunda las orillas con el más virgen de los rostros
que se abrazan en sueños
porque jamás nos pertenecen.

Así los años, tal cual lo imaginábamos, salen del agua
                    [como los bañistas, tal cual, entre las olas.
Niños que reconstruís con fábulas marinas
los vivos cementerios del deseo: subid.
Aquí el camino que buscabais: la colina.
A lo lejos, el ganado ya no busca sombras fértiles.
Aligerad el paso.
Ya veo.
Ya se ven nuestros asientos:
La tarde ha rasurado sus sonidos.
No hay nada arriba. Nada. Tal cual lo imaginábamos.
El sol estira un látigo de cobre entre la hierba de los
                                        [precipicios.
Poneos en pie
para que el viento lave sus manos en mi espíritu.

Qué hombre puede resistir ahogado en su niñez,
oh, firme corazón calcáreo:
qué cuenta cae sobre este resplandor
cuyas pústulas desbrozan, sobre labios nevados,
las flores carroñeras de la perfección.

Dulce tortura recordar la sombra invicta de mañana,
tal cual lo imaginábamos:

incendio la verdad para poner a salvo su mentira.

(Playa del Norte, 2017)

Tocan a misa las aleaciones del frío.
Hierven al fondo de la casa las verduras,
tu salario de huésped,
tu salario reunido en la ración nocturna
poco antes de saber hacia dónde mañana
caerán las torres del propósito.

Hay pureza en el duelo del espíritu.
Por eso sigo trabajando
a pesar de las fiestas patronales:
las vagonetas suben el carbón desde las galerías,
hay trajín de taladros, rumor de escoriación en la
                                    [garganta púrpura
donde la noche ya no es férrica sino obediente.

Hierven al fondo de la casa los sabores
que nublan la vigencia del destierro.
Ha bajado Daniel a abrir los frascos. ¿O no será José
quien hurga en los fogones
y libera la infancia en los pucheros?
Oh, vapor desteñido por sermones de azúcar
que ya no sueñan ni su flor ni su campana.
Hierven, como hierve el alfabeto de las madres
que arrojan el laurel sobre el grumo de la extenuación,
como hervirán los himnos debajo de los relicarios,

como los estatutos sindicales prenderán esas rosas
a la intemperie de sus cláusulas.

No hay rendición en esta casa.
Los campesinos estarán a la hora en su fértil sequía.
Y yo abriré acaso la lección
de Einstein, de la luz y la materia: la luz que ya no es luz
y la materia, que, aún luminosa,
ha dejado de ser
cadena de vapor para el vapor del mundo.

(Fiesta de San Mateo, 2007)

Cada mañana, uno de entre todos
hace de siervo y nos reparte
la ración del desayuno.
La espuma entra a los vasos
a la hora que abren los telégrafos,
arrasa los encajes de la lengua el viento por blandir
banderas muertas,
la leche hervida tras el padrenuestro
y aquello de ir a levantar España
como un roedor neumático
que sabe en qué uniformes
volverá desvalijado.
Ellos me miran. Y yo les miro.
Y hacen sus cábalas sobre mi acento, mi edad, mi pertenencia.
Y nunca digo nada.

Llega la hora del almuerzo y la cuchara al barro
y los cipreses y las voluntades que lloran en los patios
con su maleta abierta sobre el río.
Y ellos me miran y yo les miro
y con señas me ofrecen su caldo y el periódico
manchado por penumbras bálticas
que unas veces deshielan en mi corazón
y otras resisten como tiza —¿o son mis canas? —
confusa de lección o de recuerdo.

                                        Pero no les digo nada.

Luego bajamos a la cena.
Los días, como párpados que nadie visitara, no tienen gravedad
sino en la altura, y ellos me miran, yo les miro,
y devoran los ángeles del mundo
en la niñez del pan. En la tensión del frío.

                            Pero yo nunca digo nada.
Cuando la noche barre las bodegas,
las mujeres esperan. Y ellas me miran y yo las miro
y guardan como yo las migajas al pájaro
de la escasez y se levantan
cuando la percusión de las cocinas
duele en los rostros y es cansado hacer balance.
                                        Y nunca digo nada.

Subo las escaleras pensando que tal vez esperan algo de mí.
Que haga salir de mi pañuelo
una broma del Sur o un espíritu grave.
                                        Mas nunca digo nada.

Han pasado los años,
y hay noches en que afino la visión y tiemblo
sobre aquellas maderas en que creo oír algunas voces

que me dicen: "¡eh!, ¡tú!, el de las gafas: ¿de qué decías
que eras maestro?…"
y me dejo engañar, forzando la retina al límite,
como si ya no fuese necesario fingir
desde la oscuridad de un cuarto de casados,

y me levanto entonces
y voy hasta sus mesas. Y me siento.
Y borro la distancia entre el sudor y la belleza.

(*La timidez*, 2011)

Esta mirada mía fue mía, pero ya no es mía
F. G. L.

ES TARDE ya. Campanas mudas en los cuartos
y en el reloj las doce y otra sandalia de cristal
que delicadamente ha de rodar sobre la tierra,
oh, juventud avergonzada por la usura
celeste de sus dones,
oh, tréboles en cuya suerte no escondimos a la sangre
el alto cereal del sufrimiento.
¿La oís? No en las centrífugas, ni en la viudez
alegre del coñac servido en la fracción
apátrida de los veranos.
                    Sino aquí:
cumplido en el dolor de huir descalzo
entre secretas nieblas sin recuerdo.

Es tarde ya —muy tarde— para volver a los cuadernos,
hurgar por los armarios, detener
la pleamar en las pupilas
de los nombres que yo amo.
Vuelca la casa en su tiniebla
el negro aceite de la sed.
Duermes (¿Duermes?) y el alcotán del duelo
divisa golondrinas en las ciegas

partituras con que nuestra niñez
lloró sus rasos nocturnales.
Arde en delirio la ciudad por fin purificada
de luces obedientes, y los camiones que aún mastican
el escombro de las amnistías
dan marcha atrás, como mi mano en las sustancias
de la culpa. Tarde para encender
su más virgen hoguera, la noche alumbra
lo que no hablará mi corazón ante sus lámparas felices.

La luna es miel de soledad sobre la nieve.
Doy mis manos al fuego como hijas indefensas
que fueran a los bosques
                      a enterrar con mi voz los secretos del frío.

Oh, caminos retráctiles que acercan el insomnio a mi ventana,
párpados que han de levantar
los látigos del sueño
con el solo chasquido,
con el solo perjurio de tu boca
endurecida por los zumos
de la amante postal:
he aquí los gálibos que anuncian
la extensión del vértigo, su voz hundida
en los acentos de la noche
como ámbar de una edad fortificada.

He aquí los libros, más vivos ahora que antes,
y yo cansado, más cansado, y más tarde —¿oyes acaso
los tranvías?—, y las estampas de Carmelo, y el hombre
enmascarado junto al nazareno de Miguel Viribay
                              —aquellos años de Jaén
mirándome de par en par dulcificados:
venenos de buen druida
que aparto de la vista para no descorrer
sus circos de aguardiente.

Qué amor
da su destello infiel sobre los fármacos
que anudan sin moral
los dedos de la incertidumbre,
y la lejía y el cáñamo ligero
de pértigas suicidas,
la calavera del azul que se despeña
entre barrancos maternales
y no germinará
donde mis cartas dieron tierra a su propósito.

Van a dar las cuarenta con la mano cerrada,
suben a flor las sábanas.
Van a dar las cuarenta y, tras sus grifos de hambre,
un albornoz solloza
con el diamante argénteo de las recién casadas.

Como la luz que abrasa la ceniza de un cigarro moribundo
desprecio mis recuerdos.
Desprecio sus residuos en mi carne,

                             oh lengua sedentaria,
oh vendaval de fósforo sin perros que silbar
al rescindir el día,
dejad que arda sin miedo
hasta acabarme en sus distancias musicales,
dejad que aspire a mi consumación,
a verme devorado por la risa de quien baila
con los nombres que yo amo
y siempre me contesta: sí, ahora: salta,

                           espejo tras espejo,
vaciando mis pupilas,

               mis armarios,
mis cuadernos.

                      (*Resurrección de Pavese*, 2018)

Cuando la noche ya no tenga más que susurrarme,
antes de que el reloj abra las conchas al carbón de las cinturas,
retiraré mi sueño de las sábanas.
Dará mi sangre a la mañana sombra,
y a la sombra un pie, y otro, con dulce gravedad para que no
                                                    [despiertes.

Me calzarán los dardos del solsticio. Y en dos vueltas de llave
echarán a correr con sus sonidos ácidos
preguntas en la sangre que nunca fueron mías.

La niebla no abre paso todavía entre los restos de la noche
                                                    [policial,
setenta y cinco años después, falta una lápida en la dentadura
                                                    [de los galgos,
no se te ocurra ir por donde vas,
tú sigue a los turistas, toma mejor la cuesta
de muros blanqueados,
adonde la poesía rompe aguas
sin la horma dolorosa del destierro:
tapaos los ojos
para que crucen los amantes la estación de nieve.

Oh ruinas traicionadas, oh pájaro de urea
que atiendes con tristeza la mañana: Verde es tu abismo

con ciervos deslumbrados por la plata del silencio: tarde
                                        [o temprano
vomitarán también tu anís las cerraduras.
Ved cómo sin ropa ni verdad nos abandona el cielo
al arpón mercurioso de sus músicas perversas.

Elegid conmigo las calles invertidas. Insistid
como persigue el avellano
las señales del niño entre los rostros
que han de recordarme.
Y desde allí a la Sierra, desde las leyes de la corrosión
al extremo galope de otra lengua
atravesada por el llanto de tus descendencias.
¡Oh maraña poderosa! ¡Oh sacristán del frío!
Qué noticia varada en el solar de nuestra juventud
ha dado asiento a tantas nubes.

Aligera. Aligerad conmigo.
Porque en tu corazón no ha de temblar
el alfiler de los burdeles, aquí el sonido alegre de mi vida
no fingirá su baile, ni aceptará antifaz
para batir su celo. Que es ya la hora, es hora ya
de darle nombre al agua que sin mirar te acusa.

Aligerad. Aligerad, pies míos, rodillas mías,
para que el canto sea, para que vuelva,
palabra por palabra, la brisa llena de perdón y de lavanda.
Aligerad, contra los techos del otoño, la zancada
a la ciudad, a la ciudad
que ha de reunir a los amigos y a sus hijas enamoradas
por conjuros infectos que otro engaño mayor
habrá de desnutrir.
                        Ah, cicatriz circense,
ah, frívolas limosnas cubiertas por nuestros sombreros:
este es también mi patrimonio,
y aunque los mayordomos y los funambulistas
arrojen su mugre contra las abluciones de mi espíritu,
lavo con él, al mismo instante,
en el mismo caer del charco sobre fuego,
toda mi culpa y casi mi inocencia.

Tras el fornicio blanco de su hiel,
deja una voz grabada el río borrado del regreso.

Después,
la compasión pondrá tus manos en mi frente
y yo, con mi ataúd varado en blancos muslos de pobreza,
daré los nombres que queríais.

Dibujaré todos los rostros que no esperabais en mi corazón.

(*Albaycin*, 2019)

Como el ángel de un siervo que baila sobre el mar,
la luz pone bandejas en mi corazón.
Caen sin vértigo ni edad
los malos vicios del verano.
El agua da señal a sus avisadores.

Lanchas que retornáis a puerto con mañanas humeantes
                                    [en las redes,
desde qué hora el astrolabio
pierde la lengua forestal del frío.

Alzad, oh playas sometidas por duros
desposorios de sílice, la cantinela ósea
de remos fugitivos que traerá el poniente
tras su espuma.
                    Reunid ante esta luz que desfallece
la credencial de vuestros faros
porque no en otro nombre, no en otra fuerza
sepultarán su leche las hijas desterradas
al oficio salvaje de enhebrar el cobre a la verbena
oculta de las alianzas.

Oh, estambres saqueados por el dulce
abuso de la infancia, oh, recuerdos estériles:
                        bebed en mí el martirio ciego
en que fermenta el sol.

He aquí la indulgencia de mis días perdidos.
Y ahora que la res más tierna
asciende al mirador del matadero, liberad
los esfínteres, vuestras uñas
por los orfebres precipicios
que escogieron los ojos
para ir y venir a nuestras huertas
de sucia intimidad.

Oh, amargas prendas que enceláis mi espíritu
como licores mudos que traen el sí de los amigos:

Inscribíos en la noche. Alistaos en las huidas.

(Cabo de San Vicente, 2018)

SALA DE VÉRTIGOS

Y tú, ¿de qué lado de mi cuerpo estabas, alma,
que no me socorrías?
JOSÉ ÁNGEL VALENTE

CALZAN a fuego en las caballerizas el signo de la tierra.
Vale la pena levantarse: ahí, entre la luz de las frutas que
                              [duermen la siesta junto al frío,
crece un ejército que grita, de lejos, tu nombre. Asómate
                                            [y escucha
su pisada impoluta en la brisa de sangre que ha de traerte
                        [a la gran ceremonia del tiempo.
Reina de la belleza, reconcilia las horas manchadas por
                        [la tinta sin fe de los refugios:
dale a la claridad el combustible de las sombras y que ardan
                              [los propósitos de la tristeza.
Estamos esperando la señal, convócanos:
al ángel desahuciado en la huella de níquel que callan los montes,
y a los embravecidos por las ruinas del cielo.
También a quienes oyen barcos o luz o dicha tras los horizontes
                                            [mudos
y a quienes han mordido su propio corazón
donde la vida engaña su manjar:
                              alístanos.
Ábranse las puertas de las sinagogas. Que las iglesias celebren
                        [la metalurgia de la nieve.
Arrodíllense los príncipes ante los dáctilos del pan que no
                              [fue digno de palacio,
hagan sonar las tribus su negra percusión para torcer las
                              [brújulas de cuanto, herido,

hubiera de cantarse sin vilo ni misterio, como lámpara,
[galope, risa.
Caiga sobre este ejército de años la lluvia de las flores
[primogénitas,
caiga como una bendición partida el infinito beso de la
[infancia, el que vive enterrado
lejos de aquellas caserías, junto al río, y le habla a los almendros
[de su vez primera:
sea su luciérnaga limosna contra la duda,
sátiro de la muerte en el esfuerzo lánguido de los suicidas.
Permite que los huéspedes guarden tu oficio en los graneros
[para cuando regreses,
que desnuden de lágrimas el precio de tu corazón.
Nunca como esta tarde amamos alguna vez la guerra.
Suenen hoy para ti las doradas agujas de los sastres, venga
[del último celaje el blanco
susurro de los estrategas, porque ha llegado la hora.
Nunca como esta tarde amamos alguna vez la guerra.
Cuando te hable el invasor en las fronteras de la carne,
[alcánzanos la orden.
Deja que los venenos enciendan las antorchas de todas las
[palabras que han escogido
su hogaza en esta amarga vid,
en los labios que saludan atrapados por los cementerios de
[la juventud.

Que los jinetes de las retaguardias griten en las colinas de
[tus senos,
que los herreros sellen la vieja cerradura
donde rezan las madres su angustia al eremita
del invierno.

     Ven.

Cuenta la tropa que quiere contigo rendir su mandrágora.
Alza la vista y oye tu cuerpo incandescente, acércalo a ese
[fósforo azul
de lo que ya no es ciencia ni seguridad sino sostén del largo
[sueño.
Cuando termine el ritual quirúrgico,
cuando cambie de sombra la armadura celeste de tu sangre,
desatarán su pólvora los altramuces y las gaitas su viento
[plateado,
otra señal del agua que se zurce en vigilia sin cordel ni
[ganchillo, delante de la niebla.
Ungida por la fiesta de la desmemoria, arrojará
la lengua de tu corazón al fuego los precintos y
los paños y los pijamas y la hora de la báscula,
y tú cabalgarás la última, reina de la negación, sobre la aurora,
porque a ti cantarán las ruinas de la oscuridad,
como el pueblo su gesta ante las lumbres.
Volverás. Y en el baile de los aullados por la muerte,
como aquella sonrisa talada de su medialuna,

derramarás el rojo sortilegio de Canaán:
leche que en el amanecer fabrica el resplandor
de todo lo vencido por la debilidad
y guarda en cofres la inicial del tiempo
y se ofrece, oh, faro en la tristeza,
al que aprieta tu mano
debajo de las sábanas
y mira en tus ojos
latir la batalla por fin como premio
al sobrio lenguaje que gastan los médicos
y no saben decir al oído
estas cosas.

(*Quimioterapia*, 2010)

AQUELLAS fueron nuestras cimas.
Al esfuerzo del verde lacerante, julio sin lengua para las
                              [coronas del estío.
Por ahí, por ahí los escapados.
Y rugía el magnesio en las musculaturas, los perros, los
                [silbatos, las cadenas camino del ferrocarril.

Por aquí –decíamos– las bicicletas violaban el árnica de
                              [los cipreses, y les gritábamos
desde las casas, cuando la fruta abierta y la familia,
y ganaban los nuestros o se quedaban otros días atrás, y
                                        [con ellos
el pedal de una sed solitaria
que estiraba la tarde en busca del dorado vértigo,
oh doble dama del sigilo
con su abrazo hambriento: ¿cómo la nieve y este duelo
en un mismo precipicio? Así. Así de veloz la vida
cruza los cuerpos sin dormirse. Y pesa, sin embargo:
pesa en la altura el sueño
como un desaire de esa edad y ese dolor que aún convida
                              [al vuelo de la miel
porque es humano, hermosamente frío,
muda paciencia en que resiste a su descalza muerte la belleza.

Pero ¿quién aquí cederá al soborno de su sombra?
Quién, oh, Struthof, empeñará su corazón en el bazar efímero
donde alcanzan su crédito los atlas de la mansedumbre.

Bienaventurada la mañana que será mi bosque concedido en
[las veredas del cianuro,
para que nazca la verdad al interrogatorio de sus montes
y echen a volar con el salario azul de los arrodillados
las testificaciones y las cuentas
ahogadas en sus nidos mensajeros.

Oh, solares manchados por la alta exhumación de la melancolía.
Dignos seréis en el ojo de la niñez si esta paz nauseabunda
inclina las banderas que aún escupen sin pudor
sobre las camas del espanto,
sobre los sueños vertebrales.

(*Tour de Francia*, 2017)

Deja pasar la huella del incienso,
que los abrigos vuelvan de sus misas entre flores y cuentas
[sin negocio.
Deja que sea la cena y el silencio, el pesado puchero con
[sus charlatanes
y sus himnos y sus lámparas de falsa juventud para nostálgicos.
La noche ha puesto sal en el camino blanco de los puentes.
No entregues todavía las llaves de la claudicación.

La oscuridad destroza los abecedarios bajo la lengua del
[espíritu.
Pero, ay, su canto: qué manjar
nos tiene tras sus cíngulos de piedra,
quién en sus sótanos abiertos reconoce tus suelas sin coartada
o arranca la consigna de los grillos,
la propina del sueño tras la nieve.

Derramado el veneno del sol en la certeza del deseo,
dictas su luz al pentagrama, no el signo voluntario que te salve
de tanta cobardía.
Desnudo te abandonas al engaño.
Nadie más fiel que tú besa la mugre de su infancia
por huir de la verdad,
le descalza los pechos, la penetra con sangre de quien duerme
con párpados ilícitos. Oh, altar sin sacrificio,
cama sin noche donde lloras y maldices la gota del honor.

Las palabras defienden ante ti su enorme fiesta debajo del
                                                    [invierno.
Las chimeneas de Auschwitz
regalan a la oxidación el tráfico de los casinos, la escalera
                                    [encendida de los cabarets.
Oyes el vicio del amor, su escándalo sin ropa tras los rojos
                                                    [del cielo,
la penumbra endiablada por el frío.

Ácida y frágil, la memoria concibe su coágulo,
salda su deuda en esta música
a pesar de tu intento de histrión, por destruir las sombras
                                                    [de la risa.
Es tarde ya: la noche no es fulgor sino cansancio.
No arderán en las fraguas los metales para la dulzura.
La mano de la oscuridad ha tocado mi corazón
y sobre mi corazón ya no anidan los insectos.
No busques más la miel.

Si tu propósito es negarme como se niega el llanto
en las edades sumergidas,
decir mi nombre con aquella caridad de buen domingo,

quédate donde estás.
                        Mejor no vengas.

                        (*Carta apócrifa de Primo Levi*, 2007)

A Joana y Mariana Zavadil

EL MAZO de su señoría está que trina con los jesuitas que
[han reconstruido
los molinillos de viento en la cabeza de Kepler, porque la
[órbita
a cuyo astro de cartón saludan las escuelas
ha ido a buscar su certidumbre
a los hombros nevados del rabino,
y con esos que gastan zapatos de la Quinta Avenida y suben
[la apuesta
al francotirador del paraíso
y con las bailarinas que regalan al ángulo
de un amor imposible sus garzas transparentes
porque ya no apuntan sus pies al oro de las dentaduras
y los deseos se ahogan en el río que buscan los fotógrafos y los
[turistas,
porque la noche siempre fue más hermosa aquí que la justicia.

El mazo de su señoría está que trina por lo que han hecho
[con Heydrich,
carnicero de Praga, los partisanos.
Ametrallado por la ira de Job, quién lo diría:
que la ráfaga diga que

(no) sí

en el tic tac del trébol

¿dónde están? ¿cuántos? ¿quiénes son?

Nadie señala, nadie os los dice, señoría.

Enero cae como un paracaídas sobre la boca estéril de los
                                                [fusilados.

El escalímetro de la tortura recorrerá las sienes,

hasta el último llanto olisquearán los perros,

porque el pastor tiene la orden de cumplir con la Escritura

y los corderos y las linternas de elegir la belleza y aunque
                                        [las manos tiemblen

ante los indicios: la belleza

                    la belleza

                        la belleza

                en el laurel de las perforaciones.

La esperanza ha cargado

con buena munición las flautas y los pianos

y las arpas y los oboes: tantos violines como lágrimas vestidas
                                        [en los llamamientos,

preparados por si el Reich nos encuentra solos y es otro
                                        [carrusel sin niños

la memoria, oh luces, oh espejos, oh ventanas, oh felices
                                        [cuadernos de Terezin

que

                (sí) no

                        rebasarán esta tristeza

¿qué estrella de David bordarán las hijas del Moldava bajo
[el puente
cuando alguien reconstruya el porqué de la ceniza?

El mazo de su señoría está que trina porque Valeria, Gabriela
[y Otilia
aún se abrazan juntas con la llave de las profecías en la mano
[fértil del diluvio
y el joven Franz prefiere sumar otro renglón a la metamorfosis
que concederse un padre en el atril de la reunión de anónimos
y el tren al ghetto que tenía
que ser

(sí) no

ha sido
y el cuero negro de las botas ya no eriza la espiga de los
[huesos,
pasa de largo con su brillo, pasan de largo las esvásticas
y todas, absolutamente todas
las documentaciones vuelven sin un solo reproche a sus
[bolsillos.

El mazo de su señoría está que trina
porque el cisne no se hace señales con la ardilla
ni el que calcula un cielo de cereza en el retrovisor del
[Clementinum

guiña su ojo al que temprano baja a negociar
la absenta del malabarista.
Y las mañanas nacen sin zapatos que enviudar de pensamiento,
ni madres que descienden por la hiel de Mala Strana
con la seda forzada de sus muslos
porque ese sabe o ese ha visto
y los peces y las criaturas saltan y se perdonan entre las
[carcajadas de los que no pueden mancharse.

El mazo de su señoría está que trina porque los tanques han
[entrado en la ciudad
a suplicar tan solo el cannabis de la melancolía,
Jan Palach ha bajado un tazón de voz caliente a los amigos rusos
y la navaja nórdica ha partido en dos la vieja fruta
y el mundo envidia el pan que ponen los soldados
al pie de Wenceslao I, príncipe de la paz,
los muchachos dibujan con orgullo
la hoz y el martillo en las pupilas de John Lennon
y la carne amanece multiplicada   las torres amanecen multiplicadas
los muros amanecen multiplicados
I don't believe   I don't believe   I don't believe
El mazo de su señoría está que trina
porque Milada Horakova después de tres años
diciendo la verdad y nada más que la verdad
bajo la rebelión de los telégrafos

                        (no)
ha sido absuelta de sus cargos
y desde hoy por cada sentencia hay un comunista voluntario
para cortarle los tendones a la horca del perjurio.

El mazo de su señoría está que trina con el acordeón superfluo
y los fotógrafos y los turistas
                    (no)
                        encontrarán el rostro ahogado del deseo
y los cafés no nacerán sin hijas del Moldava
ni la cerveza entregará su sierpe a las ojivas de otra pólvora
porque los prados aparentan ser felices
y la justicia siempre será aquí más hermosa que la noche.

                            (*Subida por Kampa*, 2019)

Veíais arder la dulce escalinata de la anunciación,
las rodillas dolientes y las manos
curvadas por propósitos ensangrentados. Echabais al fuego las
[resinas y los tintes,
delicadeza ebúrnea que Sebastián, hijo de Gonzalo Ortiz y
[María de Rojas,
rescató del vacío como flores bastardas que nacieran en cárceles
urdidas por la compasión.

Veíais arder la oscuridad en los martillos. El hueso de los que
[no tenían memoria ni
esperanza torturaba los vientres con sonidos pacíficos.
Niños envenenados por las argucias del desprecio,
erguidos por el fálico voltaje de las percusiones.
No veíais números nevados en las fiebres de Rilke.
No visteis la inocencia hermana en las preguntas que venían
[del Norte.
Ni cuando alzabais los aceros de la acusación
oísteis poner a Don Silvestre Esteban Quesada, alcalde y médico
de izquierdas, nieve sobre la ira:

"De la vida del cura yo respondo".
Olíais la aspereza visceral en los zapatos y en las sábanas, pero
[callabais.

Poníais un pie bajo las lámparas para librar comercios
que no iban más allá
de los residuos destilados por el miedo.
Llorabais apretando el pecho contra los muros cuando en la noche
asomaban los faros de un Okland por la puerta de lluvia que
[encendían los chivatos.
Pero tú no, Antonio. Para entonces tú no corrías peligro.
Llevabas la contabilidad a los linotipistas de la Plaza Vieja.
Y viste como todos bajar por Jabalcuz a los Junckers,
las cinco de la tarde del 1 de abril del 37,
hora de la permuta en el pestillo de las señoritas.
Visteis la mordedura que enseñaban los hijos a las madres.
                                    Pero no veíais.
No veíais nada. (¿Acaso vemos algo todavía?)

1939. Creísteis que todo lo azul había sido verde.
Que lo verde era gualda y lo amarillo blanco.
Y que lo blanco, blanco. Y todo negro en el camaleón de las sotanas.
Pusisteis las espigas y el romero en el camino hacia las catedrales
mas la piedad no fecundó bajo los palios
ni tampoco en los cálices servisteis
la verdad ni sus zumos serenos.
Tú ibas con ellos, Don Antonio, a la estación que endurecía las
                                    [sienes.
Cuidabas el enjambre con los ácidos que perforaban la niñez.

Tú soñabas con jaulas abiertas al mendrugo del beluario,
soñabas en los rostros la claudicación como elixir de nuestra patria.

A la diestra los años iguales como lágrimas
y satanás sentado en el Concilio
a la siniestra de Roncalli: qué felonía,
si dios no pierde nunca los tirantes:
a qué humillar las ingles con el arpa de los juramentos,
rebañar la insumisa
palangana de Asís, tararearle un tren al limpiabotas del *Manila*,
si la lombriz ya sabe que es lombriz en el estómago rapaz de las
                                                              [lavanderías.

Cómo tiritan, Don Antonio, los panes y los peces
cuando cambia de siglo el áspid del devocionario.
Julio también retuerce los membrillos,
lo que esto era, ahora es aquello,
ay, Don Antonio, no da una, obstinado en el párkinson,
erre que ere, por darle sacramento a lo visible y lo invisible,
que nadie venga a verle como antaño, qué tiempos,
cuando las grajas descendían por la corona del evangelista
a lamer el rubí de la zarzaparrilla.

Pero no. Esta no era la pregunta, ni esta justicia la que ensucia el
                                                              [algodón
y las cortezas invernales que cumplen con la claridad
en la supuración del sueño.

"De la vida del cura yo respondo"
y nunca más supimos qué fue de Don Silvestre, médico y alcalde
                                    [de Aldeaquemada,
condenado de urgencia a treinta años de reclusión,
según los aguafiestas
empeñados en que noviembre no sea marzo,
ni la noche mañana y la mañana cereal de olvido.
Nadie entonces para Don Silvestre pudo a tiempo descender
                                    [del púlpito,
correr sobre los cirios y las alamedas,
gritar delante de las víboras el quinto mandamiento,
poner su corazón sobre la ráfaga, llenar de leche los armarios
                                    [que devoran cuadernos
o llenar de cuadernos la leche que un día engullirá nuestros
                                    [armarios.

"De la vida de ese hombre yo respondo".

¿Quién lo dirá mañana señalando al que no tiene boca cuando
                                    [levanten de nuevo
la enciclopedia de los circos? ¿Quién bajará a la arena para dar
tabaco a los leones, les dirá: "marchaos a casa",
y ofrecerá un pijama limpio a los carneros?

¿Quién? ¿Qué música dirá desde las alambradas
o desde los cuarteles
y las sepulturas, desde los astilleros y los bosques forrados
                              [por la voluntad del cieno.

Quiero decir que   quién
qué música, qué vida, responderá por ti y por mí, en mí y en ti,
cuando solo nos quede
un rostro,
un nombre,
una luz
y el mastín de los apologetas empuje hacia tu corazón
el excremento de la cobardía.

                                        (*El canónigo*, 2018)

No sé si estoy soñando.
                No.
Entra la pólvora en las uñas y en la obscena fatiga del amanecer.
Han asustado muy temprano a las palomas. No estoy soñando.
O sí.
        "Van los amigos a las plazas", me dices con la voz lluviosa.
Y vienen de la noche con banderas que yo no reconozco.
"Nuevas. Son nuevas" –me gritan desde los portales.
Y así también los himnos, de una garganta a otra,
    multiplican la ira
hasta encender sin lámparas los pliegues de la juventud.

Pasan. Como ángeles de níquel esquivan los residuos maternales.
No ven la oscuridad ni el sodio refulgente en los listados
de la negación.
                ¿Pero a quién? ¿Para quién ensogáis a las bestias?
¿En quién habéis revivido los ángulos del peine, el rojo terciopelo
                                [de los brazaletes,
la malla grácil del tocado con que ahora se hablan y sonríen
las aguas prematuras de la clandestinidad?

Dicen nombres que no oigo desde aquí. ¿Acaso importa?
                                Me hacen
un hueco entre sus bailes y el aullido celoso de las pirotecnias.
¿Tú también vas?
        No.

No sé si sueño.

La casa cruje y yo estoy solo. Oigo la deserción de los olivos.

Para la náusea, el serrín en los sótanos.

La multitud lleva en volandas a los mártires camino de las torres
[y los precipicios.

¿Es esta la hora que esperábamos? No preguntéis. Abrid las vísceras.

Cantad sobre el clavel endurecido de las sepulturas.

No han llegado mis hijos, ¿mis hijos? Hay run run de cocina,
¿no los oyes?

Las cucharas no quieren seguir haciendo de cuchillos.

Oigo unas manos cerca removiendo las luces.

 (—¡Aquí están!¡Están Aquí!—)

Y atraviesan descalzas la visión

hasta engarzar los nódulos del vértigo.

No estoy soñando.

No.

Pero amanece.

Y no ha cambiado la conducta del viento en los osarios musicales.

Venid. Que vuestros pies caminen sobre mi soledad.

Sacad los magnetófonos,

nadie más allá de estos campos abre tan alto el puño de su espiga,

nadie más allá de esta tierra levanta como yo sus títeres tullidos.

(*Última visión*, 2019)

ÍNDICE

SALA DE VÉRTIGOS

Este número 103
de *Siltolá Poesía*
se terminó de imprimir
el 30 de mayo de 2024,
cumpleaños de Guadalupe Grande.
en su memoria.

Colección SILTOLÁ POESÍA
Otros títulos publicados en esta colección

Carlos Asensio
Astroblema (2022).

Jannet Weeber Brunal
Paisaje suspendido (2022).

Antonio Orihuela
Diles que dije no (2022).

Laura Ramos
La verdad es que estoy sola y que estoy ardiendo (2022).

Miguel Veyrat
La ora azul (2023).

Óscar Díaz
La exacta fantasía (2023).

Eduardo Hilpert
Cardo, decumano (2023).

José Manuel
Camacho Vázquez
El huerto (2023).

Andrés Ortiz Tafur
Traigo noche en los zapatos (2023).

Álvaro Petit Zarzalejos
Lograr el amor es alcanzar a los muertos (2023).

Elena Felíu Arquiola
Otro amor (2023).

Santos Domínguez
Cuaderno de Italia (2023).

Javier Gato
Conversión de la estatua de sal (2023).

Sesi García
Ciudad perdida por otra ciudad (2023).

Julio Mariscal Montes
Cien poemas (2024).

Marc J. Mellado
Esta combustión inalienable (2024).